홍국주

플랜비디자인에서 기업교육 컨설턴트로 일하며 개인과 조직이 덜 긴급하지만 더 중요한 일을 발견하고, 집중하고, 잘 할 수 있도록 돕는 일을 한다. '사람'을 가치 있게 생각하며, 사람은 누구나 사랑받을 가치가 있고, 성장할 자격이 있으며, 변화할 가능성이 있다고 믿는다. 그리고, 교육을 통해 이것을 증명하고자 노력한다. 말하는 직업으로 기업에서 조직문화, 팀, 리더십, 회의에 대해 강의한다. 쓰는 직업으로 글로벌이코노믹스의 고정 칼럼니스트로 활동하고 있다. 배우는 직업으로 서울대학교에서 산업인력개발학을 전공하고 있다.

신현아

사람이 일을 즐겁게 하고 꿈을 실현하는 것을 돕기 위해, 스스로도 일을 즐겁게 하고 꿈을 실현하기 위해 플랜비디자인에 합류하여 플랜비디자인의 가치와 철학을 전달하는 일을 한다. 경영학을 공부했고, 좋은 정보와 좋은 이야기는 공유될 때 비로소 빛을 발한다는 신념을 가지고 콘텐츠를 기획, 제작하는 일을 하고 있다.

시각을 멈추다
또는 시각하는 사람을 향하여:

모든 시작에는 시련을 감당하는 힘이 있어

시작을 쓰다

누구에게나 처음과 시작이 있습니다. 시작은 언제나 새롭습니다. 설레기도 하며 떨리기도 합니다. 때로는 두렵기도 한 것이 사실입니다. 마치 얼음 위에 서 있는 것과 같습니다. 얼음 위에서 신나게 뛰어놀다가도 언제 얼음이 깨질까 우리는 때로 불안해합니다. **이 책은 그 시작을 잘 시작하고 싶은 사람들을 위한 책입니다.**

다양한 감정과 함께 시작은 어느새 우리의 삶을 새로운 경험들로 가득 채웁니다. 하지만, 금세 우리는 시간의 익숙함에 속아 우리의 시작이 어떠했는지를 잊어버립니다. 기억하고 싶은 생각들과 사실들을 기억하지 못하게 됩니다. 간직하고 싶은 감정과 느낌들을 놓쳐버리게 됩니다. 마치 다채로운 색을 가진 물감으로 각각의 경험들을 색칠해 나갔지만, 어느새 시간이 지나 경험이란 색들이 쌓이고 섞여 한 가지 어두운 검은색으로 변해버린 것과 같습니다. **이 책은 그 시작을 잊혀지는 시간이 아닌, 더 기억되고 가치 있는 시작으로 만들기 위한 책입니다.**

그렇다면 도대체 우리는 우리의 시작에 무엇을 기록하고 남겨야 할까요? 중요한 것은 우리가 지금의 '순간'을 남길 것인지, 아니면 지금의 '생각'을 남길 것인지 결정하는 것입니다. 여러분이 남기고 싶은 것은 지금의 '순간'인가요? 아니면 지금의 '생각'인가요?

시간이 지나 한 사람이 다가와 우리의 시작에 대해 이런 질문을 던진다고 생각해 봅시다.

"어떤 순간들이 기억에 남습니까?"

이 질문에 처음 합격 통보를 받고 기뻐했던 순간이 떠오르는 사람이 있을 수 있습니다. 긴장되면서도 설레는 마음으로 처음 회사를 향하던 자신의 발걸음이 떠오르는 사람이 있을 수 있습니다. 처음 회사 컴퓨터 자판을 두들기던 순간, 처음 월급을 받고 뿌듯했던 순간 등 다양한 순간들이 우리의 처음 그 시작을 가득 메꿨을 것입니다. 시작을 묻는 이런 질문에 대부분의 사람들은 쉽게 자신의 경험을 말합니

다. 많지는 않아도 특별했던 순간 한 가지는 잘 떠오르기 때문입니다.

그런데 여기서 또 다른 한 사람이 다가와 이렇게 묻습니다.

"어떤 생각들이 기억에 남습니까?"

과거에 나는 어떤 생각을 했었고 어떤 것들을 느꼈는지 묻는 것입니다. 처음 나는 이 일을 시작할 때 어떤 생각을 가지고 일을 했는지, 어떤 목표를 가지고 있었는지를 묻는 것입니다. 수많은 성공 경험과 실패 경험을 통해 얻은 나만의 노하우나 교훈은 무엇이었는지를 물을 수도 있을 것입니다.

또한 앞으로 우리를 거쳐 갈 수많은 리더를 보면서 우리는 "나중에 나도 리더가 된다면 저 리더처럼 행동해야지" 혹은 "나는 절대 구성원에게는 저렇게 하지 말아야지"라는 생각을 자연스럽게 하게 될 겁니다. 그리고, 미래에 누군가는 당신에게 다가와 인상 깊었던 리더의 행동은 무엇이었는지 물을 수 있습니다. 그 누군가는 어쩌면 미래에 리더가 된 나 자신일 수도 있습니다.

이렇듯 내가 경험한 과거의 순간에 내가 어떤 생각을 했었는지 구체적으로 물으면 많은 사람들은 오히려 답하기를 어려워합니다. 특히나 이런 질문에 대한 리더의 답변은 굉장히 추상적이거나 구체적이지 못할 때가 많습니다.

질문은 더 구체적으로 바뀌었는데 왜 더 모호한 답변이 돌아오는 것일까요? 단순히 그 사람이 생각이 없는 사람이었기 때문일까요? 혹은 단지 자신의 시작을 기록하지 않았기 때문은 아닐까요? 우리의 특별했던 순간들은 이미지로 우리의 머릿속에 남지만, 우리가 했던 생각들은 기록하지 않으면 흩어집니다. 그래서, 어떤 일을 새로 시작하던, 어떤 역할을 새로 맡던 정말 필요한 것은 자신의 경험과 생각을 글로 남기는 것입니다. 기록이 기억을 지배한다는 한 오래된 카메라 회사의 카피 문구처럼, 혹은 '적지 않으면 존재하지 않는다'라는 말처럼 구체적인 질문에 구

체적으로 답하기 위해서 필요한 것은 '글쓰기'를 통해 나의 경험을 물체화하는 것입니다. 내가 했던 생각들과 내가 느꼈던 감정들을 글로 써서 마치 물체처럼 내 앞에 보관할 수만 있다면, 언제든지 우리는 다시 그 글에서 그때 그 시절의 생각을 꺼내 올 수 있습니다.

업무 일지를 작성하라는 것이 아닙니다. 업무 일지는 내가 오늘 무엇을 했는지의 관점에서 작성된 것입니다. 단순한 일기 같은 업무 일지가 아닌, 생각을 담은 글을 써야 합니다. 내가 무엇을 느꼈고, 무엇을 배웠고, 무엇을 생각했는지를 써야 합니다. 그래야 우리가 얼마나 우리의 목표에 다가가고 있는지 나의 성장 과정을 파악할 수 있습니다. 나의 성장 과정을 써 내려가면서 자신이 성장하고 있다는 것을 스스로 깨달을 수도 있으며 이를 통해 즉각적인 만족감을 얻을 수도 있습니다. 앞으로 어떻게 사고하고 일해야 하는지 생각을 정리할 수 있으며, 앞으로 어떻게 나의 커리어를 쌓아 나가야 하는지도 잘 계획할 수 있습니다. 무엇보다 훗날 내가 성공한다면 무엇 때문인지 성공의 이유를 명확하게 설명할 수 있는 리더가 될 수 있으며, 실패한다면 무엇 때문에 실패했는지 조언함으로써 구성원들은 실패하지 않도록 돕는 리더가 될 수 있습니다.

그래서, 이 책은 당신의 '시작'을 기록할 수 있도록 다음 4가지로 구성되었습니다.

Ⅰ. 계획을 쓰다
Ⅱ. 나를 위해 쓰다
Ⅲ. 일 년을 쓰다
Ⅳ. 생각을 쓰다

그리고 '나를 위해 쓰다'에서는 크게 3가지 질문에 관한 생각이 지속적으로 더 깊어질 수 있도록 구성하였습니다.

1. 나는 왜 일하는가? (WHY)
2. 나는 어떤 모습으로 성장할 것인가? (WHAT)

3. 나는 현재 어떻게 일하고 있는가? (HOW)

첫 번째 질문을 통해서 '일의 의미'를 발견할 수 있기를 바랍니다. 두 번째 질문을 통해서 '나의 비전'을 더 구체적으로 그릴 수 있기를 바랍니다. 세 번째 질문을 통해서 나의 현재 '일하는 방식'을 돌아볼 수 있기를 바랍니다.

무엇보다 WHAT은 나는 어떤 리더로 성장하고 싶은지 '리더십'의 관점에서, HOW는 나는 현재 어떤 팔로워인지 '팔로워십'의 관점에서도 생각해 보시길 바랍니다.

물론, 꾸준히 글로 무언가를 정리해서 남긴다는 것은 대단히 어려운 일이 맞습니다. 하지만, 철학자 플라톤은 시작은 일의 가장 중요한 부분이라고 말했습니다. 무엇보다 중요한 나의 시작을 글로 남기는 어려운 일, 하지만 어렵게 가진 만큼 절대 쉽게 벼려지지 않을 일에 도전해 보시길 바랍니다. 각자가 어떠한 시작점에 서 있던 '시작을 쓰다'를 통해 훗날 과거의 경험을 잘 소화할 수 있기를, 머물고 있는 현재를 더 가치 있게 살아갈 수 있기를, 가보지 못한 미래를 더 잘 준비할 수 있기를 바랍니다.

시작하는 당신을 위한 메시지

이 책에서 준비된 글과 질문을 통해 시작하는 모든 사람들이 다음 메시지에 더 깊게, 더 오래 머물게 되기를 바랍니다.

I. 방향을 알지 못하면 출발할 수 없습니다.

1. 모든 시작의 출발선은 명확한 목표입니다.
2. 계획대로 되는 것은 하나도 없습니다. 그래서 방향이 중요합니다.
3. 방향을 잃지 않는 나만의 방법이 필요합니다.
4. 실패를 준비하는 것이 실패를 최소화하는 방법입니다.
5. 약한 연결에 있는 사람들과 나의 목표를 공유해야 합니다.

II. 여정은 언제나 자신을 돌아보는 반성을 통해 완성됩니다.

1. 일의 의미는 찾지 않으면 발견될 수 없습니다.
2. 여행은 새로운 풍경을 찾는 것이 아니라, 새로운 눈을 가지는 것입니다.
3. 힘든 여정에서 물러서지 않는 법을 배워야 합니다.
4. 스트레스 상황에서 자신을 보호하는 법은 따로 있습니다.
5. 포기하지 않는다면, 그것만으로 이미 가치 있는 여정입니다.

III. 최고의 플레이어들은 늘 시작합니다.

1. '다시 처음부터 시작할 수 있다면?'이라는 질문을 던집니다.
2. 시작하는 마음, 첫 마음을 지키는 싸움에서 이깁니다.
3. 다시 시작할 때와 잠시 멈춰 설 때를 분별합니다.
4. 시도해보지 않고는 자신이 얼마만큼 해낼 수 있는지 알지 못한다고 믿습니다.
5. 딱 한 걸음 먼저 걸어가 봅니다.

IV. 기록이 기억이 됩니다.

1. 적지 않으면 존재하지 않습니다.
2. 말은 흩어지고 글은 남습니다.
3. 기록이 기억이 되어야 합니다. 훗날 기억해서 기록하는 것이 아닙니다.
4. 나만의 이야기가 아닌 나와 만난 다른 사람들의 이야기도 기록해야 합니다.
5. 무엇을 기록할지 생각하는 것을 멈춰 서는 안됩니다.

필사하는 방법

1. 나를 위해 쓰다

나를 위한 읽기

1

나를 위한 쓰기

"

2

"

나를 위한 질문

Q **3**

Date

1) 글을 음미하면서 읽어봅니다.

2) 빈 공백에 정자체로 바르게 필사합니다.

3) 질문에 대한 자신의 생각과 경험을 적어봅니다.

2. 일 년을 쓰다

일 년을 쓰다

1	[Why] 나는 왜 일하는가?

Jan

2

Feb

Mar

Apr

May

Jun

Jul

Aug

Sep

Oct

Nov

Dec

1) 나의 한 달을 돌아보며 질문을 읽습니다.
2) 해당하는 달에 작성 일을 적고 질문에 대한 생각을 기록합니다.

네이버 카페 <시작을 쓰다>에
여러분들의 생각과 기록을 공유해보세요.

모든 시작하는 사람을 위하여

_____ 계획을 쓰다

Sunday	Monday	Tuesday	Wednesday

Thursday	Friday	Saturday	Memo

_____ 계획을 쓰다

Sunday	Monday	Tuesday	Wednesday

Thursday	Friday	Saturday	Memo

_____ 계획을 쓰다

Sunday	Monday	Tuesday	Wednesday
_____	_____	_____	_____
_____	_____	_____	_____
_____	_____	_____	_____
_____	_____	_____	_____
_____	_____	_____	_____

Thursday	Friday	Saturday	Memo

_____ 계획을 쓰다

Sunday	Monday	Tuesday	Wednesday

Thursday	Friday	Saturday	Memo

_____ 계획을 쓰다

Sunday	Monday	Tuesday	Wednesday

Thursday	Friday	Saturday	Memo

_____ 계획을 쓰다

Sunday	Monday	Tuesday	Wednesda
_____	_____	_____	_____
_____	_____	_____	_____
_____	_____	_____	_____
_____	_____	_____	_____
_____	_____	_____	_____

Thursday	Friday	Saturday	Memo

_____ 계획을 쓰다

Sunday	Monday	Tuesday	Wednesday
_____	_____	_____	_____
_____	_____	_____	_____
_____	_____	_____	_____
_____	_____	_____	_____
_____	_____	_____	_____

Thursday	Friday	Saturday	Memo

_____ 계획을 쓰다

Sunday	Monday	Tuesday	Wednesday
____	____	____	____
____	____	____	____
____	____	____	____
____	____	____	____
____	____	____	____

Thursday	Friday	Saturday	Memo

_____ 계획을 쓰다

Sunday	Monday	Tuesday	Wednesda

Thursday	Friday	Saturday	Memo

_____ 계획을 쓰다

Sunday	Monday	Tuesday	Wednesday

Thursday	Friday	Saturday	Memo

_____ 계획을 쓰다

Sunday	Monday	Tuesday	Wednesday

Thursday	Friday	Saturday	Memo

_____ 계획을 쓰다

Sunday	Monday	Tuesday	Wednesday
___	___	___	___
___	___	___	___
___	___	___	___
___	___	___	___
___	___	___	___

Thursday	Friday	Saturday	Memo

모든 시작하는 사람을 위하여

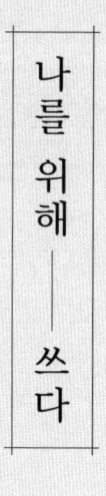

나를 위해 ─── 쓰다

나를 위한 읽기

나를 위한 명언, 그리고 나를 위한 질문을 적어보세요.

나를 위한 쓰기

"

"

나를 위한 질문

Q

_____

_____

_____

_____

_____

_____

나를 위한 읽기

나를 위한 명언, 그리고 나를 위한 질문을 적어보세요.

나를 위한 쓰기

"

"

나를 위한 질문

Q

_____

_____

_____

_____

_____

_____

단언컨대 인생 최고의 상은
가치 있는 일을
열심히 할 수 있는 기회이다.

데오도어 루즈벨트, Theodore Roosevelt

나를 위한 쓰기

"

"

나를 위한 질문

Q   성공은 가치 있는 일의 점진적인 실현이라고 합니다.
내가 생각하는 가치 있는 일은 무엇인가요?

_____

_____

_____

_____

_____

_____

어느 항구를 향해 갈 것인지
생각하지 않고 노를 젓는다면
바람조차 도와주지 않는다.

세네카, Lucius Annaeus Seneca

Date   .   .

나를 위한 쓰기

"

"

나를 위한 질문

 내가 최종적으로 이루고자 하는 목표는 무엇인가요?

_____

_____

_____

_____

_____

나를 위한 읽기
HOW

남을 따르는 법을 알지 못하는 사람은
좋은 지도자가 될 수 없다.

아리스토텔레스, Aristotle

나를 위한 쓰기

"

"

나를 위한 질문

 좋은 리더가 되기 위해 갖춰야 할 좋은 팔로워의 모습은 무엇인가요?

_____

_____

_____

_____

_____

하루를 연습하지 않으면 내가 알고,
이틀을 연습하지 않으면 아내가 알고,
사흘을 연습하지 않으면 청중이 안다.

레너드 번스타인, Leonard Bernstein

나를 위한 쓰기

"

"

나를 위한 질문

Q 훈련, 반복, 연습은 훌륭한 도구이자 습관입니다.
   내가 습관을 가지고 꾸준히 연습해야 하는 것이 있다면 무엇인가요?

_____

_____

_____

_____

_____

우리가 해야 할 일은
끊임없이 호기심을 갖고 새로운 생각을
시험해보고 새로운 인상을 받는 것이다.

월터 페이터, Walter Pater

나를 위한 쓰기

"

"

나를 위한 질문

 나는 오늘 무엇을 궁금해하고, 무엇을 배웠나요?

_____

_____

_____

_____

_____

_____

자유는 책임을 뜻한다.
이 때문에 대부분의 사람들이
자유를 두려워한다.

조지 버나드 쇼, George Bernard Shaw

나를 위한 쓰기

"

"

나를 위한 질문

Q 자율에는 항상 책임이 뒤따릅니다.
나는 주어지는 일에 대해 어떤 책임감을 가져야 할까요?

_____

_____

_____

_____

_____

항구에 있을 때 배는 안전하다.
하지만 그것이 배의 존재 이유는 아니다.

존 A. 셰드, John A. Shedd

나를 위한 쓰기

"

"

나를 위한 질문

Q　내가 타고 있는 '조직'이라는 배가 존재하는 이유를 잊어버리지는 않았나
요? 우리 조직이 존재하는 이유, 그 미션은 무엇이며 이에 대한 나의 생각
은 무엇인가요?

_____

_____

_____

_____

_____

_____

성공으로 가는 엘리베이터는 고장입니다.
당신은 계단을 이용해야만 합니다.
한 계단 한 계단씩

조 지라드, Joe Girad

나를 위한 쓰기

"

"

나를 위한 질문

Q   성공으로 가기 위해 밟아야 하는 다음 한 계단은 무엇인가요?

_____

_____

_____

_____

_____

_____

세 사람이 함께 길을 가면
반드시 나의 스승 될 사람이 있으니,
그 중 좋은 점은 골라서 따르고,
좋지 않은 것은 거울삼아 고치도록 한다.

공자, 논어

나를 위한 쓰기

"

"

나를 위한 질문

Q 오늘 인상 깊었던 선배의 말과 행동은 무엇이었나요?
이것을 통해 나는 무엇을 배우고 얻었나요?

_____

_____

_____

_____

_____

_____

나는 한 인간에 불과하지만,
오롯한 인간이다.
나는 모든 것을 할 수는 없지만,
무엇인가 할 수 있다.
그러므로 나는 내가 할 수 있는 것을
기꺼이 하겠다.

헬렌 켈러, Helen Keller

Date ___ . .

나를 위한 쓰기

"

"

나를 위한 질문

Q 할 수 없는 일보다 할 수 있는 일에 집중해보세요.
내가 할 수 있고, 앞으로 해나갈 일은 무엇인가요?

_____

_____

_____

_____

_____

을 쓰다

매일 하루를 마무리할 무렵,
그날 일어났던 세 가지 사소한
긍정적인 것들을 확인해 보라.
당신은 곧 감사할 일을
적극적으로 찾게 될 것이고,
얼마 후엔 긍정적인 습관이 될 것이다.

질 해슨, Gill Hasson

나를 위한 쓰기

"

"

나를 위한 질문

 오늘 나에게 일어난 일 중 감사할 수 있는 일은 무엇인가요?

_____

_____

_____

_____

_____

귀하게 태어나는 것보다는
고귀하게 기억되는 것이 더 좋다.

존 러스킨, John Ruskin

Date   .   .

나를 위한 쓰기

"

"

나를 위한 질문

 내가 현재 조직에서 대체 불가능한 사람으로 기억되기 위해서는 무엇을 해야 할까요?

_____

_____

_____

_____

_____

화려하지 않아도
필요한 일을 하는게 중요합니다.
우린 안 보일 수도 있지만
존재하지 않는다고 생각하면 안 됩니다.

《미생》 中 윤태호, Taeho Yun

나를 위한 쓰기

"

"

나를 위한 질문

Q   내가 하는 일은 왜 필요한가요?

_____

_____

_____

_____

_____

성공을 하고자 원한다면 반드시
하고자 하는 목표가 명확해야 한다.
그리고 달성한 사람을 찾아야 한다.
그리고 따라서 실천해야 한다.
내가 하고자 하는 일의
2배를 늘리고 싶다면
2배를 하고있는 사람을 찾아라
그리고 똑같이 해라.

브라이언 트레이시, Brian Tracy

나를 위한 쓰기

"

"

나를 위한 질문

 내가 지금 간절히 원하는 목표는 무엇이며, 그것을 이루어 낸 사람은 누구
인가요? 그 사람은 무엇을 실천했나요?

_____

_____

_____

_____

_____

_____

눈의 색깔은 바꿀 수 없지만
눈빛은 바꿀 수 있다.
귀로 나쁜 소리를 듣지만
들은 것을 잊어버릴 수 있다.
입의 크기를 바꿀 수 없지만
입모양을 미소로 바꿀 수 있다.
빨리 뛸 수는 없지만 씩씩하게 걸을 수는 있다.

김현태, 《다짐하며 되새기며 상상하며》

나를 위한 쓰기

"

"

나를 위한 질문

Q   내가 긍정적으로 바꿔야 할 나의 태도가 있다면 무엇인가요?

_____

_____

_____

_____

_____

_____

보다 잘게 나누면
그 어떤 일도 결코 힘들지 않다.

헨리 포드, Henry Ford

Date   .   .

나를 위한 쓰기

"

"

나를 위한 질문

 엄두도 못 할 만큼 막막하게 느껴지는 일이 있나요?
그 일을 달성하기 위한 세밀한 실행계획은 무엇인가요?

_____

_____

_____/_____

_____

_____

_____

서로 만난 것은 시작이다.
계속 함께 하는 것은 발전이다.
함께 일하는 것은 성공이다.

헨리 포드, Henry Ford

나를 위한 쓰기

"

"

나를 위한 질문

Q   내 옆에 있는 동료에게 도움이 될 수 있는 행동 한 가지는 무엇인가요?

_____

_____

_____

_____

_____

_____

제일 중요한 일 외에
몇 가지 더해야 할 일이 있다 하더라도
세 가지 이상을 생각해서는 안 된다.
중요한 일이 세 가지 이상이라는 것은
중요한 일이 하나도 없다는 말과 같다.

짐 콜린스, Jim Collins

나를 위한 쓰기

"

"

나를 위한 질문

Q   현재 나에게 가장 중요한 일 세 가지는 무엇인가요?

_____

_____

_____

_____

_____

_____

사람들은 동기 부여는
오래가지 않는다고 말한다.
목욕도 마찬가지다.
그래서 매일 하라고 하는 것이다.

지그 지글러, Zig Ziglar

나를 위한 쓰기

"

"

나를 위한 질문

Q 일을 하면서 의미를 발견하고 동기부여하는 것은 정말 어렵습니다.
그래서 매일 동기부여될 수 있는 요인을 찾는 것이 중요합니다.
오늘의 나를 동기부여 시킬 수 있는 요인은 무엇일까요?

_____

_____

_____

_____

_____

목적 없는 공부는 기억에 해가 될 뿐이며,
머리 속에 들어온 어떤 것도
간직하지 못한다.

레오나르도 다빈치, Leonardo da Vinci

나를 위한 쓰기

"

"

나를 위한 질문

 나는 지금 어떤 목표와 목적을 가지고 무엇을 공부하고 있나요?

_____

_____

_____

_____

_____

_____

혁신은 좋은 것에서 더 좋은 것으로,
그리고 가장 좋은 것으로
천천히 나아가는 과정이 아니다.

혁신의 과정은 우리가 어떤 존재이며
어떻게 작동하는지를 이해하게
도와주는 일련의 시도들이다.

데이비드 색스, David Sax

나를 위한 쓰기

"

"

나를 위한 질문

Q　경험을 통해 우리는 새로운 나의 모습을 발견하게 됩니다.
　새롭게 시도한 일 속에서 발견한 나의 강점과
　개선해야 할 일하는 방식은 무엇이었나요?

_____

_____

_____

_____

_____

세상에 뛰어난 이념이란 없다.
성실한 결과만 있을 뿐이다.

마윈, Ma Yun

나를 위한 쓰기

"

"

나를 위한 질문

Q   나의 성실함으로 얻은 훌륭한 결과는 무엇이었나요?

_____

_____

_____

_____

_____

_____

나를 위한 읽기
HOW

성과를 올리는 사람은
일에서 출발하지 않는다.
시간에서 출발한다.

피터 드러커, Peter Ferdinand Drucker

나를 위한 쓰기

"

"

나를 위한 질문

Q   조직에서 훌륭한 성과를 내는 사람들은 어떻게 시간을 관리하고 있나요?
그들에게 본받을 점은 무엇인가요?

_____

_____

_____

_____

_____

_____

기업들은 경쟁력 있는
'날(EDGE)'이 있어야 돼요.
경쟁력 있는 약속 말이죠.
'이 회사는 적어도 이것은 꼭 지킨다'는
이미지는 소비자들의 마음속에 확고한
믿음과 강한 신뢰로 자리 잡습니다.
브랜드와 소비자와의 끈끈한 연결고리는
이렇게 탄생하는 겁니다.

필립 코틀러, Philip Kotler

Date _____ . .

나를 위한 쓰기

"

"

나를 위한 질문

 내가 고객에게 약속할 수 있는 한 가지는 무엇인가요?

_____

_____

_____

_____

_____

_____

기다리는 사람에게 좋은 일이 생기지만,
찾아 나서는 사람에게는
더 좋은 일이 생긴다.

작자 미상

나를 위한 쓰기

"

"

나를 위한 질문

 일의 의미는 누군가가 느끼게 해주는 것보다 본인 스스로 찾아 나가야 할
때가 많습니다. 최근 내가 찾은 일의 의미는 무엇인가요?

_____

_____

_____

_____

_____

만약 당신이 어디로 가고 있는지 모른다면
결국 목표와 다른 곳에 있게 될 것이다.

로렌스 피터, Laurence Johnston Peter

나를 위한 쓰기

"

"

나를 위한 질문

Q 우리 조직의 목표는 무엇인가요?
나는 우리 조직의 목표를 달성하기 위해 어떤 일을 하고 있나요?

_____

_____

_____

_____

_____

준비에 실패하는 것은
실패를 준비하는 것이다.

벤자민 프랭클린, Benjamin Franklin

나를 위한 쓰기

"

"

나를 위한 질문

 지금 하는 일을 성공시키기 위해 철저히 준비해야 하는 것은 무엇인가요?

_____

_____

_____

_____

_____

나를 위한 읽기
HOW

만난 사람 모두에게서
무언가를 배울 수 있는 사람이
세상에서 제일 현명하다.

탈무드

나를 위한 쓰기

"

"

나를 위한 질문

Q   조직에서 우리 팀원들에게 배울 점은 무엇인가요?

_____

_____

_____

_____

_____

우선순위를 정할 때는 과거의 사건보다는
미래와 연결되는 일을 먼저 한다.
조직 내 과제 등의 문제보다
새로운 기회로 이어지는 일을 먼저 한다.
무조건 쉬운 일보다는
어려워도 개선에 도움이 되는 일을 먼저 한다.

피터 드러커, Peter Ferdinand Drucker

나를 위한 쓰기

"

"

나를 위한 질문

Q   우선순위를 정하는 나만의 원칙은 무엇인가요?

_____

_____

_____

_____

_____

나 하나 꽃 피어
풀밭이 달라지겠느냐고
말하지 말아라.

너도 꽃 피고
나도 꽃 피면
결국 풀밭이 온통
꽃밭이 되는 것 아니겠느냐

조동화, 시 《나 하나 꽃 피어》

나를 위한 쓰기

"

"

나를 위한 질문

Q 다른 사람들의 행동에 상관없이 변화를 위해
   내가 먼저 주도적으로 실천할 수 있는 것은 무엇인가요?

_____

_____

_____

_____

_____

_____

춤추어라, 아무도 보고 있지 않은 것처럼.
사랑하라, 한 번도 상처 받지 않은 것처럼.
살아가라, 오늘이 그대의 마지막 날인 것처럼.

알프레드 디 수자, Alfred D' Souza

나를 위한 쓰기

"

"

나를 위한 질문

Q 오늘이 당신의 마지막 날이라면, 당신은 무엇을 할 것인가요?
그 일이야말로 당신이 정말로 중요하게 생각하는 가치일 것입니다.

_____

_____

_____

_____

_____

빨리 가려면 혼자 가고
멀리 가려면 함께 가라

아프리카 속담

Date ＿＿＿＿ . .

나를 위한 쓰기

"

"

나를 위한 질문

Q 조직 안에서는 개인의 목표만을 추구하면 멀리 가지 못합니다.
함께 멀리 가기 위해서는 조직의 목표와 나의 목표를 어떻게 얼라인
(Align) 시킬 수 있을까요?

＿＿＿＿＿＿＿＿＿＿＿＿＿＿＿＿＿＿＿＿＿＿＿＿＿＿＿＿

＿＿＿＿＿＿＿＿＿＿＿＿＿＿＿＿＿＿＿＿＿＿＿＿＿＿＿＿

＿＿＿＿＿＿＿＿＿＿＿＿＿＿＿＿＿＿＿＿＿＿＿＿＿＿＿＿

＿＿＿＿＿＿＿＿＿＿＿＿＿＿＿＿＿＿＿＿＿＿＿＿＿＿＿＿

＿＿＿＿＿＿＿＿＿＿＿＿＿＿＿＿＿＿＿＿＿＿＿＿＿＿＿＿

우리 인생의 80%는 일하며 보낸다.
우리는 퇴근 후 재미를 찾으려 하는데,
왜 직장에서 재미있으면 안 되는가?

리처드 브랜슨, Richard Branson

나를 위한 쓰기

"

"

나를 위한 질문

Q   조직 내에서 내가 즐거워하는 요소 3가지는 무엇인가요?

_____

_____

_____

_____

_____

_____

한 번도 실수를 해보지 않은 사람은
한 번도 새로운 것을
시도한 적이 없는 사람이다.

알버트 아인슈타인, Albert Einstein

나를 위한 쓰기

"

"

나를 위한 질문

 내가 새롭게 도전해 봐야 할 것은 무엇인가요?

_____

_____

_____

_____

_____

모두가 같은 상황이 아니다.
그러니 당연히 모두가
같은 의견일 리가 없다.

웹툰, 《치즈인더트랩》 中

나를 위한 쓰기

"

"

나를 위한 질문

 나와 다른 의견을 가진 사람을 이해하기 위해서
내가 알아야 할 상대방이 처한 상황은 무엇인가요?

_____

_____

_____

_____

_____

_____

과거를 기억 못하는 이들은
과거를 반복하기 마련이다.

조지 산타야나, George Santayana

나를 위한 쓰기

"

"

나를 위한 질문

Q　똑같은 실수를 반복하지 않기 위해 기억해야 할 경험들은 무엇인가요?

_____

_____

_____

_____

_____

_____

조직을 만들어야 할 가장 좋은 이유는
의미를 만들기 위해서이다.
세상을 더 좋은 곳으로 만드는 제품이나
서비스를 만들기 위해서이다.

가이 카와사키, Guy Takeo Kawasaki

Date   . .

나를 위한 쓰기

"

"

나를 위한 질문

Q   개인 차원이 아닌 조직 차원에서 나의 팀 동료들과
같이 만들어 나갈 수 있는 일의 의미는 무엇일까요?

_____

_____

_____

_____

_____

_____

변화 속에서 살기 위해서는
변하지 않는 원칙이 필요하다.

스티븐 코비, Stephen Covey

나를 위한 쓰기

"

"

나를 위한 질문

Q   내가 변함없이 지켜야 할 나만의 일하는 원칙이 있다면 무엇인가요?

_____

_____

_____

_____

_____

팀보다 위대한 선수는 없습니다.
No player is better than the team

알렉스 퍼거슨, Alex Ferguson

나를 위한 쓰기

"

"

나를 위한 질문

Q 팀으로 일하기 위해 나는 무엇을 어떻게 해야 할까요?

_____

_____

_____

_____

_____

똑같은 생각과 같은 일을 반복하면서
다른 결과가 나오기를 기대하는 것보다
더 어리석은 생각은 없다.

알버트 아인슈타인, Albert Einstein

나를 위한 쓰기

"

"

나를 위한 질문

 문제가 있다고 생각하지만 단순히 불평만 했던 일은 무엇인가요?
문제 해결을 위해 어떻게 다르게 접근해야 할까요?

_____

_____

_____

_____

_____

_____

나를 위한 읽기
HOW

일이란 '아웃풋(output)'을 만드는 것이다.
그리고 결과를 뽑아낸다는 것은 그것이
누군가에게는 다시 투입(input)되는 것이다.
나의 아웃풋을 상대방이 인풋 하지 못한다면
그건 일을 했다고 볼 수 없다.
그런 아웃풋에 투자한 시간은 낭비일 뿐이다.

기베 도모유키, 木部智之

나를 위한 쓰기

"

"

나를 위한 질문

 나의 아웃풋(output)이 상사, 동료, 고객에게
더 많이 투입(input)되게 하려면 어떻게 해야 할까요?

_____

_____

_____

_____

_____

지금까지 당신이 아름다움과 감동,
기적과 마법을 충분히 누려 왔다 해도
오늘부터 결심하는 것만으로
더 많은 것을 누릴 수 있습니다.
매일, 매 순간, 선택은 당신 몫입니다.

앤드류 매튜스, Andrew Matthews

나를 위한 쓰기

"

"

나를 위한 질문

 현재의 성공에 안주하지 않고, 내가 오늘 새롭게 다시 결심할 수 있는 것
은 무엇인가요?

_____

_____

_____

_____

_____

_____

나의 내면적, 외면적 삶은
살아 있거나 혹은 죽은 다른 사람들의
노동에 의지하고 있으며,

따라서
내가 받았고 여전히 받는 만큼
다른 사람에게 주어야 한다고 하루에도
마음속으로 수백 번씩 생각한다.

앨버트 아인슈타인, Albert Einstein

나를 위한 쓰기

"

"

나를 위한 질문

 나는 누구에게 무엇을 베풀 수 있을까요?

_____

_____

_____

_____

_____

이 세상에서 제일 중요한 것은
내가 '어디'에 있는가가 아니라
'어느 쪽'을 향해 가고 있는가를
파악하는 일이다.
그리고 이것이 인간의 지혜이다.

올리버 웬델 홈즈, Oliver Wendell Holmes

나를 위한 쓰기

"

"

나를 위한 질문

Q 나는 지금 어느 쪽을 바라보고 있나요?
그 꿈을 실현 시키기 위해 어떤 도전을 하고 있나요?

_____

_____

_____

_____

_____

_____

승리는 습관이다.
안타깝지만 패배 역시 습관이다.

빈센트 롬바르디, Vincent Lombardi

나를 위한 쓰기

"

"

나를 위한 질문

Q   내가 가지고 있는 나쁜 습관에는 무엇이 있나요?
     좋은 습관으로 바꾸기 위해 어떤 노력을 해야 할까요?

_____

_____

_____

_____

_____

_____

누구나 실패합니다.
그러나 그때마다 배우는 것이 중요합니다.
그러면 누구나 다시 일어설 수 있습니다.

닉 부이치치, Nick Vujicic

Date _____ . .

나를 위한 쓰기

"

"

나를 위한 질문

Q 최근에 실패를 경험한 적이 있나요? 그것을 통해 무엇을 배웠나요?

_____

_____

_____

_____

_____

그 어떤 위대한 일도
열정 없이 이루어진 것은 없다.

랩프 왈도 에머슨, Ralph Waldo Emerson

나를 위한 쓰기

"

"

나를 위한 질문

Q 하루에 한 시간이 늘어난다면 나는 무엇을 할까요?

_____

_____

_____

_____

_____

_____

적당한 반대는 큰 도움이 된다.
연이 바람을 타고 나는 것이 아니라
바람을 거슬러 날아오르는 것처럼

존 닐, Edward St. John Neale

나를 위한 쓰기

"

"

나를 위한 질문

Q 나와 반대되는 다른 사람의 의견을 수용해서 더 좋은 성과로 이어진 경험
이 있나요?

_____

_____

_____

_____

_____

나를 위한 읽기
WHY

관습적인 성공을 인생의 중요한 목표라고
젊은이들에게 설교하지 말아야 한다.
학교와 인생에서 가장 큰 동기는
일의 기쁨, 그 결과에서 얻는 기쁨,
그리고 그 지역에 이바지한
가치를 아는 것이다.

알버트 아인 슈타인, Albert Einstein

나를 위한 쓰기

"

"

나를 위한 질문

 내 일이 주는 기쁨은 무엇인가요?

_____

_____

_____

_____

_____

_____

인간은 자신이 원하는 만큼
위대해질 수 있다.
자신을 믿고 용기, 투지, 헌신,
경쟁력 있는 추진력을 가진다면,
그리고 가치 있는 것들을 위한 대가로
작은 것들을 희생할 용의가 있다면 가능하다.

빈스 롬바디, Vince Lombardi

나를 위한 쓰기

"

"

나를 위한 질문

Q   내가 생각하는 가치 있는 것들은 무엇인가요?
     그리고 그것을 위해 내가 감내해야 할 것은 무엇인가요?

_____

_____

_____

_____

_____

_____

인상을 피면 인생이 핀다.

작자 미상

나를 위한 쓰기

"

"

나를 위한 질문

Q 나의 표정은 나의 동료와 팀 분위기에 많은 영향을 미칩니다.
나는 일할 때 어떤 표정으로 일하고, 어떤 표정으로 사람들을 대하나요?

자신이 하는 일에 불평하지 마라.
마치 결혼 후 매일 배우자에게 욕하면서
이혼하지 않는 것과 같다.
무의미한 행동이다.

마윈, Ma Yun

나를 위한 쓰기

"

"

나를 위한 질문

Q   최근 내가 가장 불평하고 있는 일은 무엇인가요?

_____

_____

_____

_____

_____

우리는 오래전에 가격이 전부가
아니라는 것을 깨달았습니다.
가격 경쟁력에 추가로
차별된 가치를 만들어야 합니다.

마이클 델, Michael Dell

나를 위한 쓰기

"

"

나를 위한 질문

 내가 고객에게 제공하고 싶은 차별된 가치는 무엇인가요?

_____

_____

_____

_____

_____

_____

당신이 태어났을 때 당신은 울고,
세상은 기뻐했다.
당신이 죽을 때는 세상은 울고,
당신은 웃을 수 있는 삶을 살아야 한다.

화이트 엘크, White Elk

나를 위한 쓰기

"

"

나를 위한 질문

Q 회사가 내가 떠나는 것을 아쉬워하고,
내가 조직을 웃으면서 떠나려면 무엇을 회사에 남겨야 할까요?

_____

_____

_____

_____

_____

_____

나를 위한 읽기
WHY

성공한 사람보다
가치 있는 사람이 되려 하라

알버트 아인슈타인, Albert Einstein

나를 위한 쓰기

"

"

나를 위한 질문

Q   나는 어떤 가치 있는 사람으로 기억되기를 원하나요?

_____

_____

_____

_____

_____

_____

자기 자신 속에서 재능을 만들지 않고
다른 사람으로부터 얻으려 하지 말라.
이것은 마치 의사와 가끔 식사를
나누는 것만으로
건강해지기를 바라는 것과 같다.

마르셀 프루스트, Marcel Proust

나를 위한 쓰기

"

"

나를 위한 질문

 동료에게 나의 숨은 재능이 무엇인지 물어보세요.
그 재능을 싹 틔우기 위해 나는 무엇에 열중해야 할까요?

_____

_____

_____

_____

_____

때로는 휴식이 당신이 할 수 있는
가장 생산적인 일이다.

마크 블랙, Mark Black

나를 위한 쓰기

"

"

나를 위한 질문

 번아웃 되지 않기 위해서는 때로는 휴식을 취하는 것이 좋습니다. 워라밸과 컨디션을 유지하기 위한 나만의 휴식 방법을 찾는다면 무엇이 있을까요?

_____

_____

_____

_____

_____

어려운 상황에서도
최고의 능력을 발휘하는
사람이 진정한 프로다.

엘리스테어 쿡크, Alistair Cooke

나를 위한 쓰기

"

"

나를 위한 질문

Q　　내가 처한 어려움은 무엇이고
　　　어려움을 이겨내기 위해 나는 어떤 능력을 발휘해야 할까요?

_____

_____

_____

_____

_____

_____

완성된 아이디어란 없다.
다만 실행했을 때 명료해 진다.

마크 주커버그, Mark Elliot Zuckerberg

나를 위한 쓰기

"

"

나를 위한 질문

 내가 실행하지 못했던 아이디어가 있다면 무엇인가요?

_____

_____

_____

_____

_____

말할 때는 그 말이 침묵보다 나아야 한다.

아라비아 속담

나를 위한 쓰기

"

"

나를 위한 질문

Q   최근에 들은 말 중 기분을 상하게 했던 말은 무엇인가요?
그리고 내가 했던 말 중 상대를 기분 나쁘게 했던 말은 무엇인가요?

_____

_____

_____

_____

_____

가장 어두운 시간은
해뜨기 바로 직전의 시간이다.

파울로 코엘료, 《연금술사》 中

나를 위한 쓰기

"

"

나를 위한 질문

Q 내가 힘들어하는 시간들을 현명하게 보낼 수 있는 방법은 무엇일까요?

_____

_____

_____

_____

_____

_____

출발하게 만드는 힘이 '동기'라면
계속 나아가게 만드는 힘은 '습관'이다.

짐 라이언, Jim Ryan

나를 위한 쓰기

"

"

나를 위한 질문

Q   나의 목표를 달성하기 위해 나에게 필요한 습관은 무엇인가요?

_____

_____

_____

_____

_____

궁수는 화살이 빗나가면 자신을 돌아보고
자기 안에서 문제를 찾는다.
화살을 명중시키지 못한 것은
결코 과녁의 탓이 아니다.
제대로 맞히고 싶으면 실력을 쌓아야 한다.

길버트 알랜드, Gilbert Arland

나를 위한 쓰기

"

"

나를 위한 질문

Q   결과가 좋은 것은 내 탓, 안 좋은 결과는 남의 탓과 상황 탓을 하고 있지는
      않았나요? 좋은 성과를 내기 위해 키워야 할 실력은 무엇이 있을까요?

주먹을 쥐고 있으면 악수를 나눌 수 없다.

인디라 간디, Indira Gandhi

나를 위한 쓰기

"

"

나를 위한 질문

 관계를 개선하려는 노력 없이 마음을 닫았던 경우가 있었나요?
그를 이해하고 포용하기 위해 내가 할 수 있는 노력은 무엇이 있을까요?

_____

_____

_____

_____

_____

가장 만족스러운 결과를 얻는 사람은
가장 뛰어난 아이디어를 가진 사람이 아니다.
동료들의 머리와 능력을
가장 효과적으로 조율하는 사람이다.

알톤 존스, W. Alton Jones

나를 위한 쓰기

"

"

나를 위한 질문

 한 팀으로 팀워크를 발휘하기 위해서 나는 다른 팀원들의 역량과 지원을
어떻게 활용해야 할까요?

_____

_____

_____

_____

_____

실패란 넘어지는 것이 아니라,
넘어진 자리에 머무르는 것이다.

도서, 《프린세스 라 브라바》 中

나를 위한 쓰기

"

"

나를 위한 질문

Q 실패 후 성장했거나 좌절했던 경험이 있나요?
좌절하지 않고 성장하려면 어떻게 해야 할까요?

_____

_____

_____

_____

_____

삶의 의미는
자신의 재능을 발견하는 것이다.
삶의 목적은 그것을 나눠주는 것이다.

작자 미상

나를 위한 쓰기

"

"

나를 위한 질문

 내가 가진 재능으로 나눠 줄 수 있는 것은 무엇인가요?

_____

_____

_____

_____

_____

인간은 자신의 경험을 넘어서 볼 수 없다.

최익성, 플랜비디자인

나를 위한 쓰기

"

"

나를 위한 질문

Q   나에게 필요한 새로운 경험이 있다면 무엇일까요?
그것을 경험하기 위해 나는 어떻게 해야 할까요?

_____

_____

_____

_____

_____

_____

공을 이루었으면 그것을 차고 앉아
거기에 머물려 하지 마라.
功成而不居

노자, 老子

나를 위한 쓰기

"

"

나를 위한 질문

 작은 성과에 만족하며 머물지는 않았나요?
성공 이후의 바람직한 태도는 무엇일까요?

_____

_____

_____

_____

_____

_____

네 잎 클로버의 꽃말은 행운이며
우리는 네 잎 클로버를 따기 위해
수많은 세 잎 클로버를 짓밟고 있습니다.
그런데 세 잎 클로버의
꽃말이 바로 행복입니다.
우리는 수많은 행복 속에서
행운만 찾고 있는 것은 아닐까요?

작자 미상

나를 위한 쓰기

"

"

나를 위한 질문

Q 일상 속, 그리고 직장 내에서 내가 무심코 짓밟고만 있었던
'행복'이 있다면 무엇일까요?

_____

_____

_____

_____

_____

_____

모든 시작하는 사람을 위하여

일 년을 쓰다

[Why] 나는 왜 일하는가?

Jan

Feb

Mar

Apr

May

Jun

Jul

Aug

Sep

Oct

Nov

Dec

일 년을 쓰다

> [What] 나는 어떤 모습으로 성장할 것인가?

Jan

Feb

Mar

Apr

May

Jun

Jul

Aug

Sep

Oct

Nov

Dec

일 년을 쓰다

> [How] 나는 현재 어떻게 일하고 있는가?

Jan

Feb

Mar

Apr

May

Jun

Jul

Aug

Sep

Oct

Nov

Dec

일 년을 쓰다

Jan

Feb

Mar

Apr

May

Jun

Jul

Aug

Sep

Oct

Nov

Dec

시작을 쓰다

일 년을 쓰다

이 달의 나의 성취는 무엇인가요?

Jan

Feb

Mar

Apr

May

Jun

Jul

Aug

Sep

Oct

Nov

Dec

일 년을 쓰다

이 달의 가장 고마운 사람는 누구인가요?

Jan

Feb

Mar

Apr

May

Jun

Jul

Aug

Sep

Oct

Nov

Dec

일 년을 쓰다

누군가에게 도움을 주었던 일은 무엇인가요?

Jan

Feb

Mar

Apr

May

Jun

Jul

Aug

Sep

Oct

Nov

Dec

일 년을 쓰다

이 달의 가장 행복했던 기억은 무엇인가요?

Jan

Feb

Mar

Apr

May

Jun

Jul

Aug

Sep

Oct

Nov

Dec

일 년을 쓰다

한 달을 마무리하며 아쉬운 점은 무엇인가요?

Jan

Feb

Mar

Apr

May

Jun

Jul

Aug

Sep

Oct

Nov

Dec

시작을 쓰다

일 년을 쓰다

나는 어떤 일에 동기부여 되었나요?

Jan

Feb

Mar

Apr

May

Jun

Jul

Aug

Sep

Oct

Nov

Dec

일 년을 쓰다

기억에 남는 리더의 모습은 무엇인가요?

Jan

Feb

Mar

Apr

May

Jun

Jul

Aug

Sep

Oct

Nov

Dec

일 년을 쓰다

일하는 방식에 변화가 생겼다면 무엇인가요?

Jan

Feb

Mar

Apr

May

Jun

Jul

Aug

Sep

Oct

Nov

Dec

일 년을 쓰다

가장 힘들었던 순간은 언제인가요?

Jan

Feb

Mar

Apr

May

Jun

Jul

Aug

Sep

Oct

Nov

Dec

일 년을 쓰다

내가 우리 회사의 경영자라면 무엇을 변화시킬까요?

Jan

Feb

Mar

Apr

May

Jun

Jul

Aug

Sep

Oct

Nov

Dec

일 년을 쓰다

나에게 일어난 작은 변화는 무엇인가요?

Jan

Feb

Mar

Apr

May

Jun

Jul

Aug

Sep

Oct

Nov

Dec

모든 시작하는 사람을 위하여

새가 웁니다

새가정 쓰다

Date _____ . . _____

새가슴 쏘다

Date

새가슴 씨다

Date _____ . _____

새가 등 쓴다

새가 읽다

새가등 찧다

새가들 씁니다

새가을 쓰다

새가을 쓰다

생각을 깨우다

새가을 씁니다

새가 들 깬다

Date

새가슴 쓰다

Date _____ . _____ .

새가을 쓰다

모든 시작하는 사람을 위하여: 시작을 쓰다

초판 1쇄 인쇄 2019년 11월 05일
초판 1쇄 발행 2019년 11월 15일

지은이 홍국주, 신현아
펴낸이 최익성
펴낸곳 플랜비디자인

기획 최익성
편집 임주성
디자인 신현아, 올컨텐츠그룹
교열·교정 김선영
마케팅 임동건, 신원기, 황예지
경영지원 이순미

주소 경기도 화성시 동탄반석로 277
전화 031-8050-0508
이메일 planbdesgincompnay@gmail.com
출판등록 제2016-000001호

ISBN 979-11-89580-17-9

이 도서의 국립중앙도서관 출판예정도서목록(CIP)은 서지정보유통지원시스템 홈페이지(http://seoji.nl.go.kr)와 국가자료
종합목록시스템(http://www.nl.go.kr/kolisnet)에서 이용하실 수 있습니다. (CIP제어번호 : CIP2019041392)